Le tigre

François Moutou
Illustrations : François Desbordes

Collection dirigée
par Sylvie Baussier

delachaux
et niestlé
jeunesse

sommaire

Tigres au naturel

Tigres entre eux

Le tigre et l'homme

Histoires de tigre

Tigres

Le tigre est un animal solitaire.

Il ne cherche de la compagnie qu'à la saison des amours. La tigresse, elle, vit avec ses petits le temps de les élever. Cet animal appartient à la même famille zoologique que les chats : celle des félidés. Le tigre est d'ailleurs le plus grand des « chats ». Autres particularités : tous les tigres sont rayés – ce sont même les seuls animaux de cette famille à l'être – et tous vivent en Asie.

entre eux

Un tigre, c'est quoi ?

Il existe une seule espèce de tigres, et elle vit en Asie depuis son apparition sur la Terre. Le tigre est un mammifère carnivore.

Le tigre, un carnivore moderne.

D'où viennent les carnivores ?

Les carnivores existent depuis très longtemps. Ce sont des mammifères spécialisés dans la capture et la consommation d'autres animaux. Un des premiers fossiles de carnivores connus, *Miacis*, date d'environ 55 millions d'années. Au fil du temps, les carnivores se sont diversifiés pour donner peu à peu les familles d'aujourd'hui, dont celle des félidés. Les félidés sont apparus il y a une vingtaine de millions d'années.
À ce moment-là, il existait une autre famille qui leur ressemblait beaucoup, celle des nimravidés. On aurait vraiment dit des lions ou des tigres ; pourtant, ce n'en étaient pas : ils leur ressemblaient sans en être proches parents. Ils ont disparu sans descendance.

Silhouette probable de Miacis.

IL Y A CARNIVORE ET CARNIVORE !

Dans notre imaginaire, les tigres, comme les lions, représentent l'exemple même du carnivore. Mais qu'est-ce qu'un carnivore, au juste ? On appelle carnivore un animal qui consomme de la viande, mais aussi tous les mammifères des familles de l'ours, du tigre, du loup et quelques autres. Le grand panda est un ours, donc un carnivore, selon la classification des scientifiques ; mais il ne mange que des bambous.

EN SAVOIR +

Mammifère
Animal vertébré à température constante et dont la femelle allaite ses petits.

Fossile
Trace dans la roche d'un animal mort il y a des millions d'années.

Famille
Ensemble d'espèces assez proches pour être rassemblées par les scientifiques, car elles partagent un ancêtre commun.

Tigres à dents de sabre

Des félidés étonnants ont vécu à la préhistoire. C'est le cas des tigres à dents de sabre (*Homotherium*) et quelques autres, aujourd'hui disparus. Les premiers hommes les ont connus. Ils avaient de gigantesques canines supérieures, les « sabres », dont on a toujours du mal à comprendre à quoi elles servaient. Il fallait qu'ils ouvrent très grand la bouche pour pouvoir mordre avec !

Scène de chasse à l'ère tertiaire en Amérique. Un tigre à dents de sabre poursuit des litopternes.

Les tigres chez eux

Les tigres ne craignent ni le chaud ni le froid. L'espèce s'est adaptée à des milieux très variés.

D'est en ouest

Jusqu'au début du xxe siècle, on pouvait encore rencontrer des tigres depuis l'est de la Turquie jusqu'aux rivages de l'océan Pacifique, le long des côtes russes et coréennes. Non seulement l'espèce habitait une gigantesque région, mais en plus elle supportait des climats très différents. Les hivers sont froids sur les plateaux de l'Anatolie, dans les déserts iraniens, dans les forêts d'Asie centrale ou de Sibérie. La chaleur humide est étouffante sur la péninsule Malaise ou sur les grandes îles de la Sonde, à Sumatra, Java ou même Bali. Les étés sont torrides en Inde… Malheureusement, certaines populations de tigres ont été éliminées avant même que l'on ait pu les étudier.

Tigre de Chine.

Tigre du Bengale.

Tigre de Sibérie.

Quel est leur secret ?

Les tigres sont très résistants ; leur pelage plus ou moins dense les isole de l'extérieur. Leur fourrure les protège même contre les petites sangsues des sous-bois. De plus, les tigres se débrouillent pour survivre sous pratiquement tous les climats. Selon les cas, ils savent trouver des endroits abrités du soleil ou du froid.

Tigre de Sumatra.

En fait, tous se ressemblent beaucoup !

Tigre de Java.

Un tigre mesure de 1,5 m à près de 3 m de longueur, sa queue environ 1 m ; son poids varie de 80 à 300 kg. Sa hauteur au garrot atteint 1 m.

Plusieurs sous-espèces

Les scientifiques ont défini 9 sous-espèces de tigres sur cette vaste étendue, en fonction de leur répartition. Trois d'entre elles ont complètement disparu, tandis que les autres sont en danger d'extinction. Pourtant, la nature recèle encore des surprises : en 2004, on a identifié une nouvelle sous-espèce, celle de la péninsule Malaise, au sud de l'isthme de Kra. Le rétrécissement des terres à cet endroit sépare les populations de tigres du sud et du nord ; ils ont donc peu d'échanges.

Les rayures des tigres sont, comme nos empreintes digitales, uniques pour chaque individu.

Noms de tigres

On connaît le tigre de la Caspienne, autrefois présent de la Turquie à la mer d'Aral. En Inde, c'est le tigre du Bengale, en Asie du Sud-Est le tigre de Corbett. La nouvelle sous-espèce de Malaisie est nommée tigre de Jackson. Au sud de la Chine, il existe une autre population, au bord de l'extinction. Le tigre de Sibérie (en Russie essentiellement) est le plus grand. Sumatra, Java et Bali ont ou avaient chacune une sous-espèce particulière.

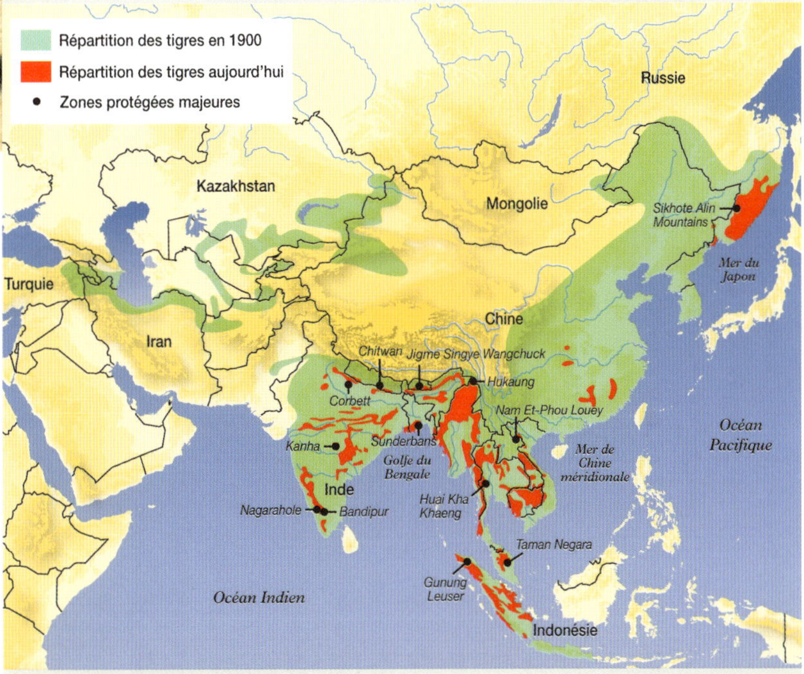

Chasseur jusqu'au bout des griffes

La langue du tigre est couverte de papilles cornées.

Le tigre possède un équipement de chasseur impressionnant et efficace. Chaque animal doit être capable de se débrouiller seul.

Un tigre poursuit des cerfs axis.

Un gros chat ?

Le tigre est clairement un gros chat, mais les proportions des diverses parties de son corps ne sont pas tout à fait les mêmes que celles du chat. Notre félin domestique, normalement nourri, ne devrait pas dépasser 5 kg, et un tigre adulte peut peser 300 kg. Or il faut de plus gros muscles, proportionnellement, pour porter 300 kg que pour en porter 5 !

Camouflage rayé

La robe rayée du tigre lui permet de se fondre dans les sous-bois des forêts d'Asie. Entre les taches de lumière et les zones d'ombre, sa silhouette disparaît derrière les herbes, les branches et les buissons. C'est pour cela que les proies n'ont plus que leur ouïe pour tenter de le repérer à temps.

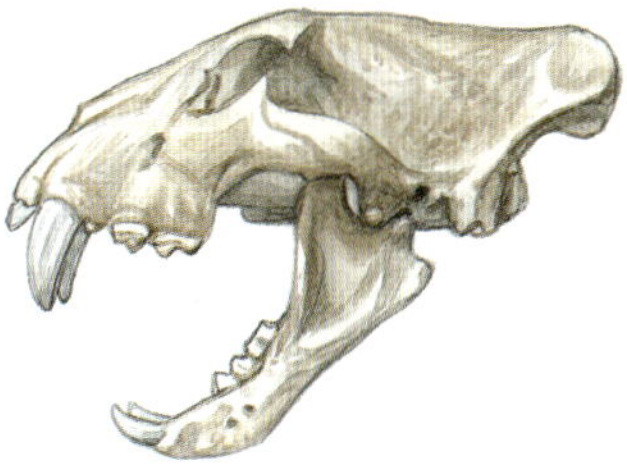

LIONS ET TIGRES : MÊME SQUELETTE

Les espèces du genre *Panthera*, comme le lion ou la panthère, ont un squelette très semblable sous leur fourrure. Donc, il est très difficile de distinguer un fossile (trace du squelette) de tigre de celui d'un lion. Cela pose des problèmes aux paléontologues, qui cherchent à reconstituer l'histoire passée des espèces. D'autant plus que lion comme tigre possèdent un crâne équipé de 30 solides dents (12 incisives, 4 canines, 10 prémolaires et 4 molaires).

Un athlète très habile

Capable de bonds très puissants, le tigre court très vite, mais pas longtemps. Sa forte musculature le rend apte aux accélérations fulgurantes, ce qui lui permet de franchir plusieurs mètres en quelques secondes : c'est ce qu'il lui faut pour capturer une proie dont il a réussi à s'approcher assez près. Cependant, si la proie s'échappe, il ne la poursuit pas. Ses pattes avant peuvent effectuer des mouvements d'embrassade grâce à la présence d'une clavicule sur le devant de l'épaule. Ses griffes rétractiles – 5 devant, 4 derrière – sont parfaites pour immobiliser sa proie, qu'il tient ainsi prisonnière.

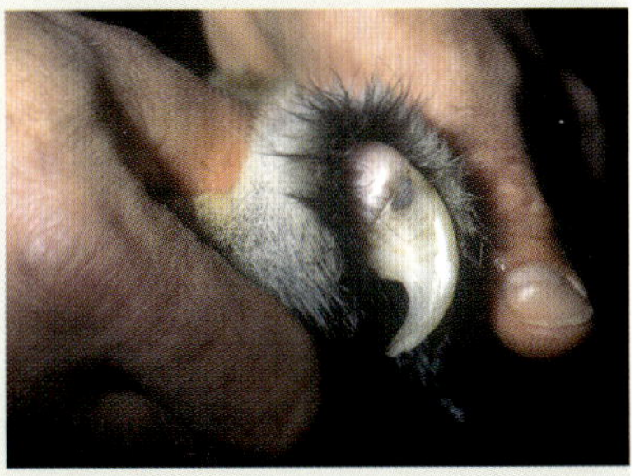

Détail d'une griffe de tigre. Elle est bien plus grosse qu'un ongle d'homme !

Où vivent les tigres ?

Habitant de forêts tempérées, forêts tropicales, forêts de roseaux, forêts suffocantes ou forêts blanches de neige, le tigre se promène rarement à découvert.

Les fourrés, les hautes herbes, les roseaux conviennent au tigre.

Les forêts du tigre

Le tigre est souvent associé aux jungles indiennes, cadre, par exemple, de l'histoire de Mowgli dans *Le Livre de la jungle*. Ces forêts, soumises au rythme de la mousson, reçoivent des pluies une partie de l'année, quand le vent vient de la mer, et sont sèches le reste du temps, quand il vient des terres surchauffées par le soleil. Pendant la mousson, les paysages sont verts, mais ils deviennent jaunes le reste de l'année. En Asie du Sud-Est, Malaisie, Indonésie, les forêts sont plus humides, plus impénétrables, presque toujours baignées dans une chaleur moite et suffocante.

Il est facile de cacher un tigre dans une forêt.

En Asie centrale

Le long des rivages de la mer Caspienne et sur les terres voisines, le tigre vivait autrefois dans des paysages bien différents. Il habitait les zones humides envahies de roseaux ainsi que les fourrés inaccessibles au bord des grandes rivières d'Asie centrale qui se jettent dans la mer Caspienne ou dans la mer d'Aral. Malheureusement, il a été victime du bouleversement de cette région : les fleuves ont été détournés pour irriguer les cultures, les forêts ont été coupées, même la mer d'Aral a failli s'assécher. Tout cela a fait disparaître le terrain de chasse des tigres ainsi que leurs proies.

Dans le froid

Le tigre vit encore dans la taïga, à l'extrémité est de la Russie, au nord de la Corée. Feuillus et conifères poussent dans un climat qui peut être assez chaud l'été, mais devient froid et neigeux en hiver. La proximité de l'océan Pacifique adoucit un peu le climat sur une petite partie de la zone où le tigre est présent, ce qui lui rend la vie plus facile.

Taïga
Forêt des zones froides de l'hémisphère nord, couverte de neige en hiver.

Chacun chez soi

Chaque tigre vit sur un grand territoire bien défini. Les animaux voisins se connaissent, ce qui évite bien des conflits.

Un animal solitaire

Le tigre est un animal territorial : il défend l'espace où il vit, se nourrit, se repose. Sa devise : « Chacun chez soi ». Pourtant, le territoire d'un mâle, plus grand, peut recouper celui de plusieurs femelles. Les animaux se connaissent, même s'ils ne se voient pas souvent. Il leur suffit de marquer leur espace avec leurs excréments, d'uriner sur les arbres ou de rugir de temps à autre pour rappeler à leurs voisins qu'ils sont bien là. Ils peuvent aussi griffer l'écorce des arbres à près de 3 m au-dessus du sol : le signal est à la fois visuel (griffades) et odorant (sécrétion des glandes des pattes).

DES RENCONTRE PARFOIS TENDUE

Mâle et femelle ensemble paraissent très tendres. Pourtant, les premiers contacts peuvent être rudes : la femelle n'accepte pa toujours la proximité d mâle. Les accouplemen nombreux en quelques jours, se terminent souvent, en outre, par un grognement et un coup de patte griffu de la part de la femelle Il faut dire que, pendan l'accouplement, le mâle l'immobilise en lui tenant le cou dans sa gueule.

EN SAVOIR +

Chaleurs
Époque où une tigresse est prête à s'accoupler avec un mâle.

Gestation
Durée séparant l'accouplement de la naissance des petits.

Amours de tigre

Les félins aiment bien se frotter la tête.

Quand une femelle a ses chaleurs, le mâle le plus proche l'apprend rapidement par l'odeur de ses urines. Tous deux se trouvent forcément, car ils patrouillent régulièrement sur leurs territoires respectifs. Les deux animaux passent alors quelques jours ensemble sans se quitter. Après cette brève période, le mâle repart vivre sa vie de solitaire. Il laisse la femelle seule pour la gestation, la naissance et l'élevage des petits. Mais la présence de ce mâle dominant dans les parages assure la sécurité de la tigresse et de ses jeunes : les autres mâles n'osent pas approcher. Or ils pourraient tuer les petits pour s'approprier la femelle. Quand un adulte disparaît, cela entraîne des combats pour la possession de son territoire.

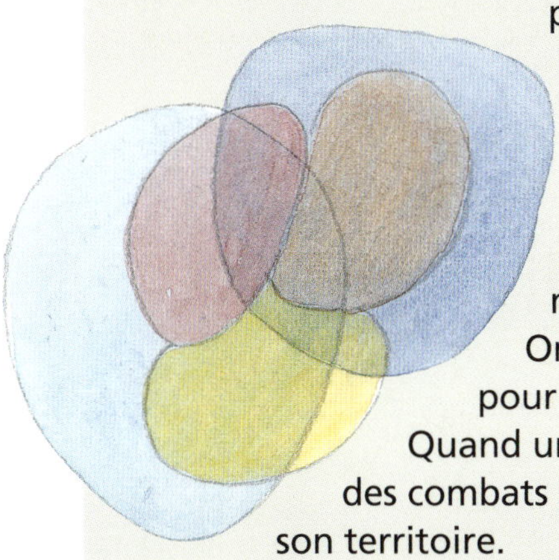

En bleu, les territoires des mâles. Ceux des femelles sont plus petits.

Jeunes tigres

Comparés à leurs parents, les bébés tigres sont vraiment petits à la naissance. Leur survie dépend entièrement des attentions de leur mère.

Le jeu est une forme importante d'apprentissage.

Tout petits bébés

Les femelles commencent à se reproduire vers l'âge de 3 ans, et elles peuvent ensuite avoir une portée tous les 2 ans. La gestation dure de 95 à 110 jours. Une portée compte en moyenne 3 petits. À la naissance, chaque petit pèse de 0,8 kg à 1,6 kg, ce qui est très peu par rapport à une tigresse de 100 kg ! Ils sont probablement sourds et leurs yeux, fermés, ne s'ouvrent que de 6 à 14 jours plus tard. Ils tètent le lait par l'une des 4 tétines présentes sur le ventre de leur mère. Le sevrage, progressif, va du troisième au neuvième mois des petits, qui commencent à suivre leur mère vers l'âge de 5 ou 6 mois.

La femelle est une très bonne mère

L'école des tigres

La véritable éducation des jeunes commence donc quand ils sont âgés de 6 mois et dure près de 2 ans. Comment devenir un tigre ? C'est en accompagnant leur mère à la chasse, en l'observant, en maîtrisant leur puissance et leur fougue, en utilisant tous leurs sens que les jeunes apprennent leur métier. Repérer une proie abordable, ni trop grosse ni trop dangereuse, l'approcher sans se faire voir, la saisir, la mettre à mort : rien n'est évident. D'ailleurs, à peine la moitié des tigres dépassent l'âge de 2 ans. Les jeunes mâles, qui quittent leur mère les premiers, sont les plus exposés, surtout quand ils traversent le territoire d'adultes déjà installés.

BÉBÉS À GOGO

Une population de tigres peut se renouveler assez rapidement et compenser ses pertes quand on lui en laisse la possibilité, car l'espèce est assez féconde. Si le nombre de tigres diminue, c'est que, vraiment, la pression qui pèse sur l'espèce est énorme : destruction directe, élimination des proies, disparition du milieu.

Même quand on est solitaire, il faut savoir communiquer, ne serait-ce que pour s'éviter.

La puissance du rugissement est impressionnante.

Ronrons

Sorte de gros chat, le tigre dispose de plusieurs sons félins pour ses communications vocales.

Le rugissement correspond à un message fait pour être compris de loin : il s'entend jusqu'à 3 km. Il rappelle aux tigres voisins qu'ils doivent rester sur leur propre territoire.
Le grognement s'entend à seulement 300 m ; l'animal l'émet en marchant, la tête penchée vers le sol. Un grondement avec dents découvertes précède l'attaque. Quant au ronronnement, c'est un son de proximité et d'intimité. Il est émis entre la mère et les petits, pratiquement au contact. On l'entend et on le ressent. Il est fait pour être discret, car la portée ne doit pas se faire repérer, notamment par des mâles.

Œil de tigre

Les pupilles du tigre sont rondes, contrairement à celles du chat. Sa vue est sans doute bonne, même de nuit, car c'est essentiellement elle qu'il utilise pour repérer et approcher sa proie. Quant à l'ouïe, il s'en sert également, ne serait-ce que pour entendre les rugissements des voisins. Le tigre, pourtant, doit savoir être très silencieux. En effet, il faut que son approche vers une proie soit la plus discrète possible, car les cerfs, notamment, ont l'ouïe fine.

Vibrisses
Poils sensitifs plantés en touffes à divers endroits de la tête des félins et d'autres mammifères.

Moustachu

Comme tous les chats, le tigre possède de belles moustaches, ou plutôt de belles vibrisses. C'est grâce à ces longs poils sensitifs qu'il peut sentir ce qui l'entoure, ce qui est bien commode quand il avance dans la pénombre ou de nuit, au travers d'une jungle encombrée. Le tigre en possède plusieurs touffes : sur le museau proprement dit, mais aussi au-dessus des yeux et sur les joues. Cela lui permet d'éviter les obstacles, de ne pas se cogner, de ne pas se blesser et de ne pas faire de bruit, tout en restant concentré sur le cerf ou le sanglier convoité. Les félidés sont les seuls carnivores ne possédant pas de vibrisses sous la mâchoire inférieure.

Les vibrisses apparaissent bien sur la tête de cet individu.

Les excréments servent aussi de moyen de communication.

Le tigre comme on ne l'a jamais vu

Le plus souvent, un tigre se repose, s'offre une sieste ou une petite trempette, ou encore… fait des grimaces !

Grimaces

Pour savoir si une femelle est en chaleurs, le tigre mâle renifle son urine. Pour cela, il fait un drôle de mouvement de bouche après en avoir goûté quelques gouttes. Cette grimace est appelée « flehmen », nom que lui ont donné les biologistes allemands qui l'ont décrite les premiers. Elle permet au tigre de faire un véritable dosage d'hormones femelles afin de savoir si la tigresse est réceptive ou non. L'organe utilisé pour cette analyse chimique s'appelle l'organe « voméro-nasal », ou organe de Jacobson. Il est situé dans la bouche, à l'avant du palais.

Une grimace pour goûter, c'est le « flehmen ».

Un chat qui aime l'eau

On dit souvent que les chats n'aiment pas l'eau. Peut-être n'aiment-ils pas l'eau froide… mais le tigre se baigne volontiers quand la température devient torride, durant la saison chaude, en Inde. Quand on a de la chance, on peut observer assez souvent des animaux haletants, allongés, à moitié immergés dans une mare. En Asie du Sud-Est, les pluies sont plus régulières et les tigres doivent prendre quelques douches de temps en temps. En Sibérie, ils peuvent se rouler dans la neige. Tout cela grâce à leur belle fourrure rayée, qui leur sert à la fois de chaud manteau et d'imperméable.

Un chat qui aime l'eau quand il fait chaud.

La sieste

L'une des postures les plus typiques du tigre, pourtant, c'est quand il ne fait rien, tout occupé à sa sieste. Il doit emmagasiner beaucoup d'énergie pour capturer ses proies, défendre son territoire et, dans le cas de la femelle, élever les jeunes. Pour rester en forme, il lui est nécessaire de savoir s'économiser. Donc, un tigre immobile récupère des efforts des chasses passées et se prépare aux suivantes. De plus, la vie dans la jungle n'est pas toujours tranquille, et il est bon de profiter des instants de calme.

À quoi rêve le tigre qui dort ?

Tigres

Le tigre n'a pas encore été assez étudié

dans son milieu, en Inde, en Malaisie ou en Russie, pour être totalement connu. Il faut dire que ce n'est pas si facile. Les conditions de travail sur le terrain peuvent être rudes, entre les moustiques et les sangsues, sous la mousson indienne ou dans l'hiver sibérien. Pourtant, chaque nouvelle observation aide à mieux saisir les nombreuses relations existant entre le tigre, les lieux où il vit et les animaux qu'il côtoie, proies ou non.

au naturel

Chasser caché

Chasser en solitaire permet de ne pas avoir à partager sa proie, mais il faut d'abord la capturer, seul.

Garder l'œil ouvert

Le tigre ne s'y prend pas tout à fait de la même façon suivant qu'il est dans la forêt ou dans de hautes herbes… Cependant, dans tous les cas, il se sert d'abord de sa vue pour détecter une proie possible. Un bruit l'alerte ? Toutes les informations sont les bienvenues ! Il avance très lentement et reste à couvert, souvent en rampant, le plus longtemps possible. Mieux il connaît le terrain, plus il a de chances de succès. Il semble qu'il n'utilise pas le sens du vent, souvent faible en forêt. L'attaque finale est foudroyante. Elle commence à quelques mètres seulement de l'objectif et dure quelques secondes. Selon sa taille, la proie a le cou brisé ou est étouffée : le tigre maintient l'animal par ses pattes avant, solidement accroché par ses griffes rétractiles,

UNE CHASSE VICTORIEUSE POUR CENT ESSAIS

Les statistiques sont rares et difficiles à établir en forêt, mais il semble bien que les attaques ne sont pas toutes couronnées de succès, loin de là ! La proie peut partir bien avant d'être à bonne portée, entendre le tigre et s'enfuir, ou réagir suffisamment vite lors de l'attaque.

Bon pied, bon œil

Le cerf axis vit en Inde.

Les entelles sont de grands singes au pelage clair qui vivent en Inde ; ils descendent parfois à terre pour se nourrir. S'ils sont trop bruyants, cela peut être fatal à l'un d'eux. Les cerfs (marals, axis, sambars, muntjaks) sont plus souvent la proie d'un tigre ; mais il n'est pas facile d'en surprendre un, car ils vivent régulièrement en petits groupes, ce qui multiplie le nombre d'oreilles et de regards aux aguets. Le tigre peut les chasser dans les hautes herbes, dans la forêt tropicale humide, dans la taïga et même dans des zones marécageuses, n'hésitant pas à poursuivre un animal dans un étang forestier.

Ce singe est parfois appelé entelle sacré.

Les proies du tigre

Les différentes espèces de cerfs, nombreuses en Asie, sont les proies les plus chassées par le tigre. Mais il en existe bien d'autres !

Le tapir malais est devenu rare.

Le gaur, une très grosse proie.

Chasseur de cerfs

En Russie, le maral est la forme locale du cerf élaphe européen. Le cerf sika est présent en Asie tempérée. En Asie tropicale, ce sont le sambar et le rusa. Les petits muntjaks, ou cerfs aboyeurs, vivent un peu partout en Asie. S'y ajoutent quelques espèces plus localisées comme le cerf cochon, le cerf axis ou le cerf d'Eld. Le tigre est leur prédateur à tous ; parfois, il dépend même des cerfs pour survivre.

Dans la taïga

Les sangliers vivent aussi bien en zone tropicale qu'en région de taïga, où ils constituent une proie importante pour le tigre de Sibérie. Les chevrotains porte-musc, présents des forêts himalayennes à la taïga, peuvent également figurer à son menu. On doit aussi y ajouter les singes, particulièrement les entelles, que le tigre consomme régulièrement en Inde.

Les yeux plus gros que le ventre

Les plus grandes espèces comme les gaurs, les bantengs ou les tapirs malais représentent de formidables défis pour le tigre. Les deux premiers sont de grands bovidés sauvages forestiers, certainement difficiles à affronter, d'autant plus qu'ils vivent en groupe et affichent une certaine solidarité. Un gaur ılte, le plus puissant de ces trois animaux, probablement pas grand-chose à craindre. tapirs ont une répartition bien limitée ıutour de la péninsule Malaise et sur l'île de Sumatra, où les tigres ne sont plus très nombreux.

Proies étonnantes

Le tigre est capable de capturer des porcs-épics indiens, malgré leur armure, mais cela ne va sûrement pas sans mal, car on a déjà vu des tigres blessés par les piquants de ces gros rongeurs. On sait, par ailleurs, qu'ils croquent parfois un paon, quand rien de plus consistant ne se présente… Contrairement à ce que l'on pourrait croire, les études montrent que le tigre ne menace pas les espèces dont il se nourrit. C'est plutôt lui qui disparaîtra en premier lieu si le nombre de ces animaux diminue trop.

Une nourriture très convoitée

Le repas d'un tigre intéresse beaucoup de monde dans la jungle ou dans la taïga. Pourtant, ce félin n'aime pas partager.

Un bon repas

Un cerf sambar peut nourrir un tigre durant plusieurs jours. Le félin reste à proximité de sa proie, à la fois pour préserver son butin des éventuels pillards et pour éviter de trop bouger entre deux repas. Il recouvre parfois la carcasse de végétaux, ce qui la protège un peu du soleil, de la vue des rôdeurs et peut-être aussi de certains insectes. L'intérêt porté au butin du tigre par de petits animaux comme les corbeaux et les pies ne semble pas le gêner. Évidemment, si un vol de vautours survient, ce n'est plus la même chose… mais le nombre de ces oiseaux a beaucoup diminué en Inde depuis les années 1990, hélas ! et cela risque moins d'arriver aujourd'hui.

GROS APPÉTIT

Un tigre adulte a besoin de 5 à 6 kg de viande par jour, soit environ 2 t par an ! Or seulement la moitié d'une proie est réellement comestible. Il faut donc au tigre un muntjak de 20 kg tous les 2 ou 3 jours, ou un sambar de 200 kg tous les 15 jours.

Pique-assiettes

Les animaux <u>commensaux</u> mangent les mêmes proies que le tigre, sans vraiment les lui voler : ils se servent après lui. Les oiseaux déjà cités en sont un exemple. En Inde, on peut aussi rencontrer des hyènes rayées, des chacals dorés et des renards, toujours intéressés par un repas facile. Encore faut-il se risquer à venir prendre un petit bout de viande sous le nez du propriétaire de la prise, sans se faire voir ni attraper !

Le plus petit commensal laisse la place au plus gros. En Sibérie, des sangliers peuvent venir se nourrir sur un cadavre de cerf abandonné.

La loi du plus fort

Un tigre doit se méfier des autres tigres ! Les voisins sont parfois intéressés par une belle prise, surtout s'ils sont affamés. Dans la réserve de Ranthambhor, en Inde, on a observé un crocodile disputant à un tigre un cerf capturé au bord de l'eau. Le crocodile cherchait à tirer la proie vers l'eau, le tigre vers la berge.

EN SAVOIR +

<u>Commensal</u>
Qui mange à la même table, qui partage le même repas.

Le chacal doré se trouve de l'Afrique à l'Inde.

Cerf sambar convoité par un crocodile et par un tigre.

Les voisins du tigre

La biodiversité est d'une impressionnante richesse dans les habitats occupés par le tigre. Pour combien de temps encore ?

Ours noir de l'Himalaya.

Panthère nébuleuse.

Les grands carnivores

Jusqu'au milieu du xxe siècle, l'Inde hébergeait de nombreux grands félins : tigre, lion, panthère, panthère des neiges, panthère nébuleuse et guépard. Aujourd'hui, le guépard a presque complètement disparu. De toute l'Asie, il ne subsiste plus qu'en Iran. Le lion n'a été sauvé de justesse que dans la forêt de Gir, au nord-ouest du pays. Le tigre y avait donc d'impressionnants voisins ! Toujours chez

les carnivores, les tigres ont pu croiser des ours bruns, des ours noirs de l'Himalaya, des ours à longues lèvres et des ours malais. Pourtant, l'un des concurrents les plus redoutables du tigre est probablement le dhole. Il s'agit d'un canidé social présent dans une grande partie de l'Asie tropicale et tempérée. Chassant en meute, ces sortes de chiens sauvages sont capables de faire reculer un tigre pour lui prendre la proie qu'il vient de capturer.

Les panthères

Des trois panthères asiatiques seule la panthère « vraie », ou léopard, peut concurrencer le tigre de temps en temps. La panthère des neiges, elle, habite des régions de haute montagne que le grand chat rayé n'ira pas explorer. La panthère nébuleuse, la plus petite et la plus tropicale, est volontiers arboricole et ne chasse donc pas les mêmes proies que le tigre.

DHOLES CONTRE TIGRE

Dans le parc national indien de Kanha et, probablement, ailleurs aussi, les bandes de dholes peuvent devenir dangereuses pour un tigre et même finir par le tuer. Cela a déjà été observé, bien que le cas ne soit pas fréquent. Parfois appelée chien siffleur, à cause de son cri, cette espèce est encore mal connue. Elle rappelle le lycaon d'Afrique par ses comportements.

Tigres dans le froid

Pelage d'été, pelage d'hiver. Il faut s'équiper correctement.

Plutôt associé aux jungles étouffantes qu'à la taïga glaciale, le tigre est pourtant parfaitement à l'aise dans la neige.

Pas frileux !

Les plus grands des tigres sont ceux de Sibérie, tout à l'est de la Russie, dans la région de l'Oussouri. Leur long pelage hivernal montre leur bonne adaptation à ce milieu glacial. Le tigre, si bien équipé pour les climats froids, a pourtant mieux survécu dans les zones tropicales que dans les zones où les hivers sont marqués (Turquie, Iran, Asie centrale).

En Sibérie

Le tigre de Sibérie a bénéficié, depuis une vingtaine d'années, d'un programme de soutien et de protection sérieux et structuré. C'est sans doute ce qui l'a sauvé dans les provinces de Khabarovsk et de Primorsk, tout à l'est de la Russie, le long de la mer du Japon. Le programme inclut aussi l'extrême est de la Mandchourie, les montagnes de Sikhote-Aline, une partie du bassin des fleuves Amour et Oussouri, et le lac Khanka. La population de tigres dans cette région est estimée à un peu plus de 300 individus.

Un bain de neige pour se rafraîchir ? Le tigre semble apprécier l'hiver sibérien !

Pas nombreux !

Dans ces régions, la densité de tigres varie de 0,1 individu à 1 individu pour 100 km², selon l'abondance des proies – les proies en question pouvant être des sangliers ou des cerfs sikas – ce cerf reste tacheté même à l'âge adulte. En dépit de l'hiver long et rude de ces régions, il existe aussi une belle saison, très riche, durant laquelle la forêt devient verte et animée de toute une vie chantante et colorée. C'est alors qu'il est le plus facile, pour le tigre, de se nourrir : en effet, ce n'est pas le froid qu'il craint, mais la famine.

Le tigre

Tigre et humain se côtoient

depuis très longtemps, sans doute depuis l'arrivée de l'homme en Asie, alors que l'animal s'y trouvait déjà. Les populations humaines qui ont côtoyé le tigre ne lui sont pas restées indifférentes, puisque, aussi loin que l'Histoire remonte, de nombreuses légendes évoquent sa présence. On ne saura jamais comment se sont passées les premières rencontres, mais il ne semble pas que l'espèce tigre ait menacé l'espèce humaine.

et l'homme

Une longue histoire

Les données archéologiques et historiques sur les relations entre hommes et tigres ne manquent pas. Parfois, c'est même tout ce qu'il en reste.

Il y a 5 000 ans

Les plus anciennes traces du tigre datent d'il y a 5 000 ans. Il s'agit de figurines gravées sur des pièces ou des sceaux provenant de la civilisation de l'Indus, à l'emplacement de l'actuel Pakistan, au nord-ouest de l'Inde. Plus tard, le tigre a été intégré aux religions locales telles que l'hindouisme. Aujourd'hui, il est toujours présent dans les contes et les légendes de nombreux pays d'Asie, même là où il n'existe plus.

Chasse ancienne, chasse moderne. Peut-on comparer ?

Tigresse du trésor d'Hoxne, Angleterre. Poignée d'un grand vase. Argent, IVe siècle.

Les tigres d'Hyrcanie

C'est peut-être aux limites de l'Europe que les documents historiques semblent les plus surprenants aujourd'hui. Les Grecs et les Romains de l'Antiquité connaissaient visiblement le tigre, qui apparaît dans des écrits ou sur certaines mosaïques. Habitant la Perse et l'Anatolie, ce tigre était appelé tigre d'Hyrcanie, du nom antique de cette région, au sud de la mer Caspienne. Le botaniste français Joseph Pitton de Tournefort (1656-1708), dans son livre *Relation d'un voyage du Levant*, rédigé entre 1700 et 1702, cite une rencontre au pied du mont Ararat (Turquie) : « Les tigres que nous aperçûmes ne laissèrent pas de nous faire peur quoiqu'ils fussent à plus de 100 pas de nous et qu'on nous assurât qu'ils ne venaient pas ordinairement insulter les passants. »

Dès l'Antiquité, le tigre a inspiré les artistes.

Tigres disparus

Plusieurs sous-espèces de tigres ont disparu au cours du XXe siècle, à cause de la chasse effrénée qui leur était faite. Ce fut le cas à Bali, à Java, autour de la mer Caspienne et en Chine du Sud. Des photographies de cette époque, en noir et blanc, montrent un tigre tué devant un groupe de chasseurs. En revanche, il n'existe plus de trace matérielle – squelette ou peau, par exemple – qui permettrait des comparaisons avec les tigres toujours vivants. Les peaux autrefois conservées comme trophées ont en effet été perdues.

Chasses au tigre

Comme beaucoup d'animaux prestigieux, le tigre était à la fois respecté et chassé. Tuer un tel animal était considéré comme un exploit.

Hommes et animaux se mélangent sur cette toile de Rubens, XVIIe siècle.

Chasses antiques

On peut supposer que les chasses se faisaient autrefois à pied et avec des armes simples : des arcs ou des lances, et peut-être un bouclier en bois ou en peau. Les chasseurs prenaient manifestement des risques dans ces affrontements. C'est pour cela que les traditions de nombreux pays d'Asie vénèrent des héros, vrais ou légendaires, qui ont tué un tigre lors de farouches et lointains combats solitaires.

Pourquoi chasser ?

Triste fin pour un si bel animal.

Les chasseurs tuaient des tigres pour différentes raisons. Quand les proies sauvages se faisaient rares, certains tigres attaquaient les troupeaux : les hommes les abattaient, car ils étaient devenus des prédateurs indésirables. Posséder une peau de tigre était un signe de prestige réservé aux chefs et aux rois ; on s'en faisait parfois un vêtement. Et puis certains organes du tigre étaient utilisés en médecine traditionnelle.

Destruction

Les chasses dites sportives ont surtout été pratiquées en Inde avant les années 1950. Les tireurs étaient postés sur le dos d'éléphants, tandis que de nombreux rabatteurs à pied poussaient les grands félins vers les chasseurs. Une seule journée de chasse pouvait se terminer par la mort de plusieurs tigres. Parfois, les maharadjahs faisaient attention de limiter les tirs, mais quelques officiers étrangers n'avaient pas ces réserves. Certains chasseurs ont tué plusieurs centaines de tigres durant leur vie. Les statistiques précises d'anciens royaumes indiens permettent de se faire une idée de la richesse de la faune au cours des deux siècles passés et de mesurer son déclin.

Maharadjah
Prince de l'Inde traditionnelle.

TIGRES ET FORÊTS

La transformation des forêts en terres agricoles explique le recul des tigres en Inde. Il s'est passé la même chose en Asie centrale, dans l'ex-URSS, entre mer Caspienne et mer d'Aral. La chasse éliminait alors des animaux qui avaient perdu leur habitat.

Tigres « mangeurs d'hommes » ?

Un cas particulier, mais rare, est celui des tigres mangeurs d'hommes. Il faut le distinguer des attaques accidentelles.

Promenons-nous dans les bois

N'importe quel tigre est assez puissant pour blesser un être humain, s'il le décide. Pourtant, les attaques restent rares. Des accidents ont lieu de temps en temps dans les régions où il reste des tigres, mais le risque est minime, car le tigre, le plus souvent, fuit l'homme. Un tigre blessé peut devenir dangereux, de même qu'une femelle accompagnée par ses jeunes si elle sent qu'ils sont menacés. Il faut donc prendre quelques précautions quand on se promène dans un pays à tigres – avant tout, éviter de les surprendre !

Il vaut mieux garder les portes fermées et les vitres levées.

La tigresse de Muktesar

Il a existé quelques tigres appelés « mangeurs d'hommes » ; il semble cependant que leurs méfaits ont parfois été exagérés, et certains spécialistes discutent cette notion.

Ces animaux sont connus par plusieurs récits, dont ceux d'un Anglais né en Inde, Jim Corbett (1875-1955).

Dans son livre *Les Mangeurs d'homme de Kumaon* (1944), Corbett explique, par exemple, que la tigresse de Muktesar a commencé à tuer des personnes après avoir été blessée par un porc-épic. Le parc national Jim-Corbett se trouve en Inde, au pied de l'Himalaya ; il a été fondé là où se trouvait la maison de l'écrivain.

Les forestiers d'une région du Bangladesh portent un masque sur la nuque.

Des tigres affamés

Il existe encore des tigres dans les Sundarbans (le delta du Gange). Cette région où forêts, bras de mer et rivières se mélangent est exploitée par des forestiers et des pêcheurs. Ils viennent chercher du bois et du miel, et poser des filets pour capturer des poissons. La grande faune y serait rare et des tigres, sans doute poussés par la faim, y attaqueraient des humains. Entre 1984 et 2006, côté Bengladesh, 495 personnes ont été tuées. Pour se protéger, les visiteurs portent un masque sur la nuque, qui leur fait comme une tête à deux faces. En effet, comme les tigres bondissent sur leur proie par-derrière, cette ruse a un effet dissuasif. Depuis 2005, on utilise aussi des chiens, qui sont les premiers à flairer le danger. Dans ce delta, les tigres viennent même se servir en poissons dans les filets des pêcheurs !

Bon à tout !

Cela peut paraître étrange, mais, pourtant, c'est vrai : la médecine chinoise représente sans doute le plus grand danger pour la survie du tigre.

Tigre en pilule

Le tigre est connu pour sa force, sa puissance, sa maîtrise de la chasse… Certains pensent que, en mangeant du tigre ou en consommant des préparations à base de tigre, on peut devenir aussi fort et puissant que lui. Ainsi, en Chine, de nombreux médicaments traditionnels sont des produits dérivés du tigre. On a même créé des fermes d'élevage de tigres pour fournir la matière première nécessaire à ces médicaments. Ce commerce est florissant, alors qu'il n'y a sans doute plus de tigre vivant en liberté dans ce grand pays ! Quant aux pays voisins, ils exportent leurs tigres vers la Chine pour gagner de l'argent.

Ferme d'élevage de tigres en Chine.

Un médicament?

Le produit le plus célèbre est nommé « *Os Tigris* », os de tigre. Dans la médecine traditionnelle chinoise, l'os de tigre est classé dans les « herbes » et est prescrit contre les rhumatismes, la faiblesse ou les raideurs musculaires, ou encore les douleurs lombaires. La poudre d'os est mélangée à des plantes comme l'amarante et l'angélique, et absorbée sous forme de pilules ou de vin : ce vin d'os de tigre est appelé « *hugou jiu* ».

Cataracte
Évolution de la cornée (le devant de l'œil) qui peut rendre aveugle.

Boîte de médicaments. Que contiennent-ils vraiment ?

Gros commerce

En fait, tout se vend dans le tigre, et toute l'Asie en consomme, de l'Inde à la Corée. La graisse est, paraît-il, un remède contre la lèpre ; les griffes servent comme sédatif, le sexe pour les amoureux, la queue contre les maladies de peau, les yeux contre la cataracte, l'humérus (os de la patte avant) contre les rhumatismes… Malgré les interdictions, le commerce continue. Une saisie de près de 500 kg d'os de tigre a été faite en 1993 en Inde et on estime à 9 t la quantité importée en Corée du Sud de 1970 à 1993. On imagine le nombre d'animaux tués en conséquence.

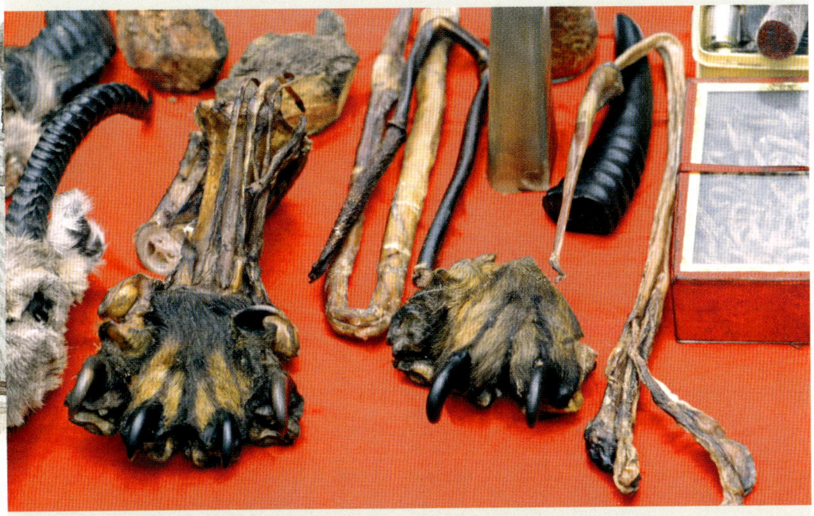

Il n'y a pas que le tigre qui soit consommé, malheureusement.

Comment sauver les tigres ?

Des zones protégées ont été créées pour permettre aux tigres de survivre dans la nature. Mais on peut se demander s'il n'est pas déjà trop tard…

Protéger les tigres

Dans les années 1970, un réseau de réserves a été organisé en Inde pour sauver l'espèce. Près de 40 ans plus tard, il n'est pas certain que ces mesures aient été efficaces. La réserve de tigres de Sariska, explorée sérieusement en 2004, n'en abrite plus un seul ! En 2008, on a donc capturé un tigre sauvage dans la réserve de Ranthambhor pour le placer dans celle de Sariska. Pour qu'il s'habitue à son nouvel environnement, l'animal a d'abord été placé dans un grand enclos. S'il s'adapte bien, il sera libéré dans la réserve et d'autres suivront.

Balade à dos d'éléphant pour aller voir le tigre.

Affluence derrière un tigre dans une réserve. Trop de succès ?

Des tigres bien gardés

Il existe de grandes réserves, souvent appelées « parcs nationaux », dans les pays asiatiques où il reste des tigres, comme l'Inde, la Thaïlande, la Malaisie et la Russie. Le but est de sauver la forêt et tous ses habitants, dont les tigres. Ces réserves sont parfois immenses : plusieurs milliers de kilomètres carrés. Des gardes tentent de contrôler la chasse et la cueillette, étudient les animaux et font visiter les lieux aux touristes, qui viennent parfois de loin pour admirer de beaux paysages et des animaux sauvages en liberté.

Photographies à gogo

Il n'est jamais facile de savoir combien d'animaux sauvages habitent une forêt. Comme ils se cachent, bien malin est celui qui pourra les compter ! Il existe tout de même une technique pour les étudier : on installe des appareils photographiques à déclenchement automatique, bien fixés à des arbres, le long des pistes utilisées par des tigres. Comme chaque tigre a des rayures particulières, cela permet d'identifier les animaux présents dans un secteur de la forêt. Il faut recommencer l'opération dans chaque zone de la forêt, de la réserve ou du parc national.

Boutique à l'enseigne du tigre. Il y en a beaucoup en Asie, mais aussi partout dans le monde.

Tigres en captivité

Il existe de nombreux tigres en captivité, dans les parcs zoologiques et dans des élevages, en Asie. Est-ce bon pour ces animaux ?

Qui sont les tigres des parcs zoologiques ?

Les parcs zoologiques existent depuis très longtemps, et cela fait des siècles que l'on peut y voir des tigres. Cette espèce survit bien en captivité, où elle se reproduit facilement. Il y a aujourd'hui plus de tigres en captivité qu'en liberté, même en Asie ! Est-ce une chance pour l'espèce ? Pas sûr ! Beaucoup de ces tigres ont été achetés, et on ne sait pas exactement où ils sont nés. Ceux qui ont vu le jour en captivité avaient parfois des parents issus de sous-espèces différentes et leurs caractéristiques propres sont mélangées. Ainsi, chaque sous-espèce de tigres risque de perdre ses caractéristiques à ce petit jeu…

Et ceux des fermes ?

Le cas des fermes est encore plus compliqué. En Chine, il existe plus de 5 000 tigres élevés dans environ 200 fermes. Les origines de tous ces animaux ne sont pas toujours connues. Ces tigres sont avant tout élevés pour la médecine traditionnelle, c'est-à-dire pour être utilisés par fragments dans des mélanges censés guérir différentes maladies. Le paradoxe est qu'un os de tigre sauvage se vend plus cher qu'un os de tigre de ferme. Donc, les fermes, d'une certaine façon, encouragent le braconnage.

CROISEMENTS
En captivité, certains éleveurs ont tenté de croiser des tigres avec des lions. Les produits sont stériles. Pourquoi avoir fait cela ? Dans les rares endroits où ces 2 espèces auraient pu se croiser, en Asie, elles s'évitent farouchement. Leurs comportements ne permettraient donc pas de croisements dans la nature.

Il est peu probable que les tigres captifs retrouvent la vie sauvage.

Retour à la vie sauvage ?

Si on élève des animaux sauvages rares, c'est, parfois, pour les relâcher un jour dans la nature. Dans le cas des tigres, pour que cela soit possible, il faut qu'il reste de grandes forêts où vivent des cerfs… et, bien sûr, que les tigres sachent se débrouiller seuls. À l'état sauvage, la femelle apprend tout à ses petits. Pas facile de faire la même chose en captivité !
Les quelques essais tentés ne sont pas concluants : les tigres libérés n'ont pas peur des humains et peuvent être dangereux ou attaquer le bétail. Qui oserait risquer cela ?

Qui sont les tigres blancs ?

Fantaisie de la nature, mutation aléatoire, source de profit pour les parcs zoologiques ? D'où viennent les tigres blancs, et qui sont-ils ?

L'origine des tigres blancs

Cela fait plus de 50 ans que l'on connaît des tigres blancs en Inde. Déjà, en 1959, on en avait recensé au moins 35. Le plus souvent, il s'agissait d'animaux adultes chassés en pleine nature. Cette présence dans la jungle prouve que ces animaux sont parfaitement capables de survivre par eux-mêmes, contrairement à ce que l'on croit parfois. Un premier tigre blanc a été capturé vivant le 27 mai 1951 dans les forêts de l'ancien État de Rewa et enfermé dans le parc du palais du maharadjah à Govindgarh, à 20 km de là. Il s'agissait d'un jeune tigre mâle, âgé d'environ 9 mois. Sa mère et ses 3 frères et sœur venaient d'être tués.

Chez le maharadjah de Govindgarh.

Bébés blancs

Le maharadjah de Govindgarh trouvait sans doute original de posséder des tigres blancs ! Il a alors cherché à en obtenir d'autres par croisement. En captivité, on a donc fait se reproduire ce jeune mâle clair avec une tigresse de couleur classique. Tous les jeunes ressemblaient à leur mère. Ce même mâle a ensuite été croisé avec une de ses filles. Cette seconde femelle a mis au monde 4 petits tigres blancs : la lignée était née. Ces animaux sont un peu plus grands que les autres. Ils ont le pelage blanc, des rayures gris cendré et les yeux bleus. Tous les tigres blancs captifs sont très proches parents.

Mutation
Changement apparaissant spontanément chez un animal d'une espèce donnée et qui peut se transmettre à sa descendance, en liaison avec une modification génétique.

Un tigre qui vaut cher

Cette mutation a été conservée et, désormais, on trouve des tigres blancs exposés au public dans de nombreux parcs zoologiques du monde. Cette démarche est un peu ambiguë. En effet, élever des tigres blancs dans des parcs zoologiques pour faire venir des visiteurs n'aide pas beaucoup les derniers tigres sauvages d'Asie !

Le commerce des tigres blancs se porte bien.

Quel avenir pour les tigres ?

Combien de temps les tigres vont-ils survivre dans la nature ? La question se pose de façon urgente !

La longueur de ces peaux illustrent la grande taille du tigre.

Espèce « parapluie »

La mise en place du « plan tigre » en Inde, dans les années 1970, avait semblé illustrer une vraie volonté de sauver l'espèce après tant de destructions. Le tigre est une espèce nécessitant de vastes espaces pour lui-même et pour ses proies, dans des milieux indispensables à sa survie. Il symbolise donc parfaitement les enjeux de la protection de la vie sauvage sur terre. Le protéger revient à protéger toutes les espèces vivant à ses côtés, sur de vastes surfaces. Durant les années 1990, la situation s'est pourtant dégradée.

Tigres isolés

À la fin du XXe siècle, de nouvelles terres ont été défrichées, cultivées et, souvent, elles ont perdu la capacité de porter leur végétation initiale… Or, s'il y a moins de forêts, il y a moins d'eau. En effet, garder la végétation naturelle protège le sol, évite le ruissellement et l'érosion, et préserve donc les réserves d'eau. La logique est claire : protéger les tigres et leurs forêts a pour effet de protéger aussi la terre, les villages, les cultures, le bétail. Pour cela, il faut établir un réseau de réserves, et essayer de les faire communiquer entre elles. Isolées, elles ne permettent plus les échanges d'animaux, et le risque d'extinction des espèces augmente.

DES TIGRES EN AFRIQUE ?

Une curieuse idée a déjà été proposée : relâcher des tigres dans des endroits sûrs, y compris en Afrique, dont ils ne sont pas originaires, pour les sauver. Certains ont déjà essayé dans des réserves privées et closes, notamment en Afrique du Sud, où les tigres chassent des antilopes africaines. Mais est-ce très différent des parcs zoologiques ?

La diminution du nombre des tigres en un siècle en Asie

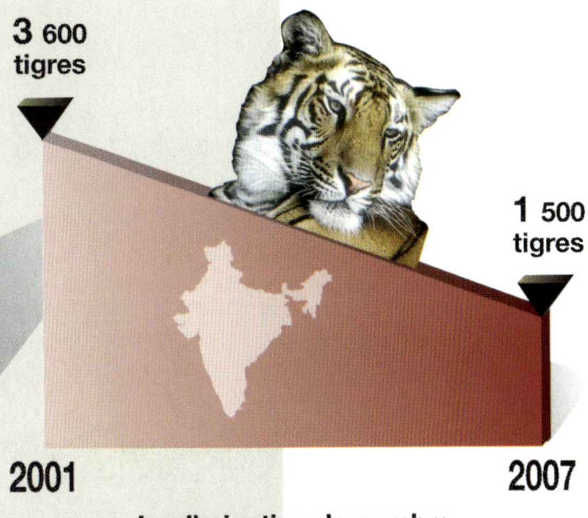

La diminution du nombre des tigres en six ans en Inde

Histoires

Le tigre est partout en Asie :

dans les forêts, mais aussi dans les mots, les contes, les légendes, les religions... Les arts ne l'ont pas non plus oublié – bien vite, le cinéma s'en est emparé – au-delà même des terres habitées traditionnellement par l'espèce : le tigre est mondialement connu. Ces beaux récits, ces belles images ne sauvent pas les animaux dans la nature, hélas ! La vraie histoire du tigre est peut-être celle qui se joue maintenant et qui permettra, ou non, de sauvegarder cette espèce en liberté...

de tigre

Les mots du tigre

Il y a beaucoup de façons de dire « tigre », et il existe beaucoup d'animaux tigrés qui, pour autant, ne sont pas des tigres.

« Tigre » dans toutes les langues

Les noms du tigre sont variés d'une langue à l'autre. En voici quelques exemples, transcrits dans notre alphabet quand celui d'origine est différent. En hindi (Inde), c'est *bagh* ; au Bhoutan, *taa* et *semchem bom*, c'est-à-dire « grand animal » ; en malais, *harimau* ; en khmer, *klaa thom* ; en chinois, *lao hu* ; en persan, *babr* ou *sher* ; en russe, *tigr* ; le long du fleuve Amour, *amba darla*, et *kaplani* en turc. Les Grecs et les Romains disaient *Tigris*. Le grand fleuve allant de la Turquie au golfe Persique, le Tigre, doit-il son nom à l'animal ? Le fait est que des tigres ont habité l'Irak au moins jusqu'au XIXe siècle.

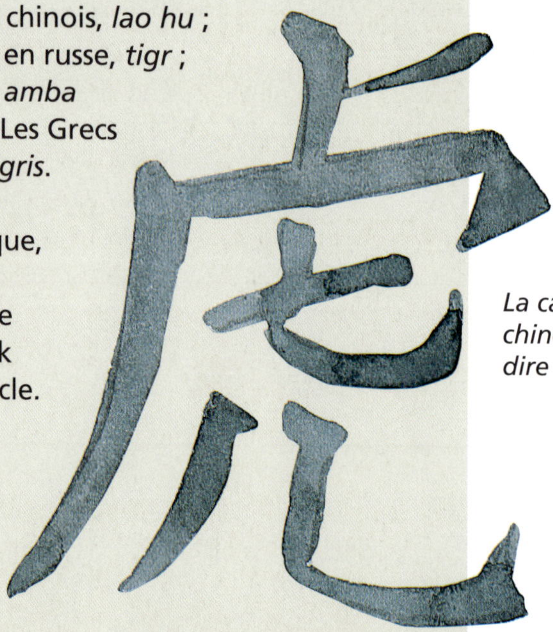

La calligraphie chinoise pour dire tigre.

Mots tigrés

Les expressions où figure le mot « tigre » sont nombreuses. « Jaloux comme un tigre » veut dire que l'on ne prête pas ses affaires, et « tigre de papier » signifie que l'on ne fait vraiment pas peur. « Féroce comme une tigresse », c'est assez clair ! Il y a aussi de nombreux mots de la même famille que « tigre », comme tigresse, tigron (produit d'un tigre mâle et d'une lionne, presque toujours stérile), tigré, tigrure…

Moustique tigre.

Zèbres.

Salamandre tigrée.

Animaux tigrés

Les animaux tigrés ne sont pas tous des tigres, et ceux qui font le plus de dégâts ne sont pas nécessairement les plus gros ! Le petit moustique tigre (*Aedes albopictus*), qui transporte les virus de la dengue et du chikungunya, est une vraie nuisance. Il existe aussi une punaise tigre. Le requin tigre n'est pas le plus agressif des poissons. La salamandre tigrée est une espèce d'amphibien d'Amérique du Nord. Plus proche du « vrai » tigre, le chat-tigre et le petit chat-tigre sont de petites espèces de félins sud-américains au pelage rayé. Le tigre de Tasmanie, ou thylacine, était un marsupial carnivore, lointain cousin des kangourous, disparu peu avant 1950. Son nom vient des rayures qui ornaient sa croupe. Quant aux chevaux tigrés, on les nomme « zèbres » !

Le thylacine est aujourd'hui disparu.

Les images du tigre

Les couleurs, la silhouette, l'allure du tigre ne laissent pas indifférent. Les artistes s'en sont inspirés depuis longtemps.

Eugène Delacroix, Jeune tigre jouant avec sa mère, *1830, musée du Louvre.*

Les tigres et les romantiques

Il existe un courant artistique européen appelé le romantisme, bien présent en France au XIXe siècle. Un artiste comme Eugène Delacroix (1798-1863) est un bon exemple de peintre romantique. Il est même considéré comme un des chefs de file de ce courant. À côté de scènes tirées d'évènements historiques de son époque, il a aussi peint une certaine nature, riche d'animaux puissants, réalistes, aux couleurs chaudes. Ces tigres à la fière allure en sont une belle illustration.

Tigre royal

Redouté et puissant, le tigre est devenu un symbole royal et a été utilisé dans les armoiries de plusieurs souverains asiatiques. Au XVIIIe siècle, un prince appelé Tippu Sultan combattait les Britanniques. On le surnommait le Tigre de Mysore, du nom de son fief, au sud de l'Inde. L'uniforme de ses soldats était aux couleurs du tigre et son trône en forme de tigre. Il fut battu par les troupes du général sir Hector Munro – dont, étonnante coïncidence, le fils fut tué par un tigre. À l'occasion de cette victoire, une médaille représentant le lion britannique terrassant le tigre indien fut gravée.

Actuellement, en Malaisie, la bière nationale se nomme « Tiger » et les cannettes bleues sont décorées d'une belle silhouette de l'animal.

Tigre et religions

Le tigre est présent dans plusieurs religions nées en Asie, comme lui. Chez les bouddhistes du Bhoutan, par exemple, l'arrivée du gourou Rimpoche, fondateur du bouddhisme au Tibet, s'est faite à califourchon sur un tigre à Paro Taktsang, ce qui signifie « le repaire du tigre ». En Inde, la déesse hindoue Shiva est souvent représentée assise sur une peau de tigre. Plus à l'est, en Chine, le tigre est l'un des 12 animaux du zodiaque chinois. Les rayures du front du tigre ressemblent au mot *wang*, qui signifie « roi ». Au début de l'année du tigre, on peint ce caractère sur le front des enfants pour leur apporter vigueur et santé.

Dans le zodiac chinois, il y a l'année du tigre.

Monture pour les dieux, symbole pour les rois, craint, respecté, ami, ennemi : le tigre est partout en Asie.

Un conte du tigre

Dans le monde entier, les contes essaient de répondre aux questions sur la vie et sur la mort. Les animaux y jouent souvent un grand rôle.

Comment le tigre devint rayé

Il y a très longtemps, au temps où les animaux parlaient et où les humains les comprenaient, au Vietnam, le tigre avait encore un pelage jaune-roux uni. Les hommes avaient domestiqué le buffle, qui travaillait docilement pour eux dans les rizières. Cela étonnait beaucoup le tigre, car il respectait la puissance et la force du buffle. Comment l'homme, petit animal à 2 pattes, faisait-il pour faire avancer un énorme buffle, d'un bout à l'autre du champ, en le guidant avec une simple baguette de bois ? Un jour que le buffle avait été attaché en bordure de la forêt par un enfant, le tigre vint l'interroger sur la raison de sa docilité. « L'homme a l'intelligence, c'est pour cela que je lui obéis », répondit le buffle. Le tigre attendit le retour de l'enfant. Il projetait de lui voler son intelligence et, ainsi, de dominer le monde. L'enfant, rusé, promit de montrer son intelligence au tigre, mais déclara : « Je l'ai laissée à la maison. — Alors, va la chercher, lui suggéra le tigre. — Mais tu vas profiter de mon absence pour dévorer mon buffle ! Si tu acceptes que je t'attache, j'irai chercher mon intelligence pour te la montrer. » Le tigre hésita, mais, poussé par la curiosité, il accepta la proposition. Le garçon lui demanda alors de s'aplatir contre un solide tronc d'arbre, puis il prit une longue corde et attacha l'animal en faisant plusieurs tours. Ensuite, il saisit un gros bâton et se mit à battre le tigre en s'exclamant : « La voilà, mon intelligence ! » Sous les coups, le tigre se débattit de douleur et de rage. Il se débattit si violemment que sa peau fut brûlée, à force de frotter contre les liens. Sa fourrure fut marquée à jamais. Voilà pourquoi le tigre est rayé !

Le tigre serait-il tigré à cause d'un petit garçon ? C'est ce que dit ce conte.

Des tigres en récits

La littérature russe est riche de superbes récits consacrés au tigre de Sibérie. Ils sont moins connus que le célèbre *Livre de la jungle* de Rudyard Kipling, mais beaucoup plus réalistes.

Dans l'Oussouri

Vladimir Arseniev (1872-1930) et Nicolas Baïkov (1872-1958) sont les auteurs de pages magnifiques sur les tigres de Sibérie. Ces deux officiers russes sont envoyés par le tsar dans la région de l'Oussouri pour faire des relevés géographiques afin de permettre la mise en valeur des richesses naturelles des grandes forêts des confins de la Mandchourie et de la Corée. Émerveillés par les paysages, les deux hommes constatent, désolés, les conséquences de cette exploitation. Le récit le plus célèbre d'Arseniev est *La Taïga de l'Oussouri. Mes expéditions avec le chasseur gold Dersou*. Ils croisent *amba*, le tigre qui a agressé Dersou autrefois. Le chasseur indigène a peur du tigre, mais le respecte, car il est lié aux esprits de la forêt.

La littérature naturaliste est très fournie. Arseniev et Baïkov sont parmi les plus connus.

Rudyard Kipling, le père de Mowgli et Shere Khan.

Mowgli et Shere Khan

Plusieurs nouvelles de Rudyard Kipling (1865-1936), célèbre romancier britannique, rassemblées dans *Le Livre de la jungle* (1894) évoquent le tigre. Les plus connues sont liées à Mowgli, ce petit garçon élevé par une famille de loups (ou de dholes, qui sait ?). Shere Khan, le tigre, apprend la présence de l'enfant dans la jungle et décide de s'en débarrasser. Il faut dire qu'il a quelques raisons de se méfier des humains. Avec l'aide d'une panthère, d'un ours, de quelques éléphants et de sa famille adoptive, Mowgli sortira vainqueur de ce combat fatal.

Les tigres de Sibérie sont des animaux magnifiques.

Le livre des tigres de Sibérie

Peter Matthiessen est un écrivain américain né en 1927 à New York. Son récit sur la panthère des neiges rencontrée dans l'Himalaya, en compagnie du biologiste George Schaller, est un très beau texte qui date de 1979. En 2000, Matthiessen a écrit *Tigres dans la neige*, spécifiquement dédié au tigre de Sibérie ainsi qu'aux personnes qui l'entourent. Ce récit est un voyage aux confins de la Russie, là où l'océan Pacifique rencontre la taïga. La vie y est rude. Pourtant, quelques hommes essaient de sauver la forêt et les derniers tigres de cette région. Cet ouvrage est richement illustré par des clichés du photographe naturaliste américain Maurice Hornocker.

Le tigre fait du cinéma

Méfions-nous de Shere Kahn le tigre !

Les belles histoires et les bons romans font souvent de bons films. Surtout quand de bons metteurs en scène s'en mêlent !

Dans la jungle

Les studios Disney se sont emparés du *Livre de la jungle* et le résultat, paru en 1967, est vraiment réussi. C'est une histoire de « gentils » et de « méchants », bien loin de la réalité animale. Clairement, le tigre est du côté des méchants, car il n'accepte pas la présence du petit garçon dans la jungle. Mowgli réussira à vaincre, aidé par toute une équipe d'animaux, sans doute un peu jaloux du tigre.

L'esprit de la forêt

Le récit d'Arseniev a été mis en images sous le titre *Dersou Ouzala* en 1975 par Akira Kurosawa, grand cinéaste japonais. Les paysages de forêts, le rythme des saisons, l'harmonie de la nature sont magnifiquement rendus. *Amba*, le tigre, passe par là, sur la piste des explorateurs, et inquiète soudain Dersou, surpris d'être ainsi suivi. Est-ce un rêve, a-t-on vraiment vu le tigre, une silhouette furtive derrière les feuilles ? Il ne reste que des traces de pattes sur le sol.

Tigrou

Les Aventures de Tigrou datent de 2000 et proviennent des studios Disney. Le personnage était déjà apparu en 1977 dans *Les Aventures de Winnie l'Ourson*, où il s'appelait « Tigre Dingo ». Tigrou est toujours de bonne humeur, insouciant ; il saute et court partout pour saluer ses amis et piétine souvent le potager de Coco Lapin.

Tigres à dents de sabre

Vraiment gros et terrifiant, ce tigre à dents de sabre !

Un tigre à dents de sabre apparaît dans deux films récents dont l'action se déroule, bien sûr, à la préhistoire. *L'Âge de glace II* est un film d'animation où des tigres à dents de sabre jouent le rôle des méchants. Dans *10 000 ans avant J.-C.*, un tigre à dents de sabre, sauvé par le héros, lui rend service un peu plus tard. Donc, des tigres peuvent aussi jouer le rôle des « gentils », comme dans Tigrou.

Les deux frères.

Tigres dressés

Les Deux Frères (2004), du cinéaste français Jean-Jacques Annaud, sont 2 tigres indochinois, nés dans les ruines d'un temple bouddhiste envahi par la forêt. Capturés jeunes, ils finissent par se retrouver face à face après de nombreuses aventures. Des tigres dressés ont joué dans ce film, qui participe à la sensibilisation du public au devenir de cette espèce.

Pour en savoir plus

Le site du Muséum national d'histoire naturelle
http://www.mnhn.fr

Le site de la fondation Tigris (en anglais)
http://www.tigrisfoundation.nl

Des livres

Vladimir Arseniev (1978), *Dersou Ouzala*, Pygmalion, Paris. (L'édition originale en français chez Payot date de 1939).
Nicolas Baïkov (1938, 2002), *Des tigres et des hommes.* « Le Grand Van » *et autres nouvelles*, Petite bibliothèque Payot/Voyageurs, Paris.
Rudyard Kipling, (1960) *Le Livre de la jungle*, Gallimard, Paris.
Jin-suk Lee, Dae-seoung Baik (2009), *Le Tigre aux sourcils blancs*, Éditions Chan-ok, Flammarion, Paris.
Peter Matthiessen (1991), *Le Léopard des neiges*, Gallimard, Paris.
Peter Matthiessen & Pierre de Coulibœuf (2000), *Tigres dans la neige*, Actes Sud, Arles.
François Moutou (2004), *Pourquoi le chat ronronne-t-il?*, Éditions Le Pommier, Paris.

Remerciements

Pour leur aide, leur patience et leur efficacité, je remercie Sylvie Baussier, Caroline Fléchelle et Marie Caillaud.
Merci à François Desbordes pour avoir réussi à rendre vivants tous ces tigres à travers le temps et l'espace.

Dépôt légal : février 2010
ISBN : 978-2-603-01621-3
Préparation : Mariane Becker
Correction : Michèle Alfonsi
Conception graphique : Philippe Abellard (Etik-Presse)
Maquette : Françoise Pham
Conforme à la loi 49-956 du 16 juillet 1949 sur les publications destinées à la jeunesse.

Achevé d'imprimer en janvier 2010 sur les presses de IME à Baume-les-Dames, France.

Crédits photographiques

h : haut ; b : bas ; g : gauche ; d : droite ; c : centre

Biosphoto
Theo Allofs: 4; Adrian Arbib/Still Pictures: 38 (b); Pallava Bagla/UNEP/Still Pictures: 50; Bo Bennett/OSF, 19 (d); Bruno Cavignaux, 55 (b); Gil Chamberland: 47; Carlo Dani & Ingrid Jeske: 41; Michel & Christine Denis-Huot: 30, 55 (m, Roger Eritja: 55 (h); Frédéric Fève, 29 (h); Laurent Geslin, 31, Michel Gunther, 43 (h); Martin Harvey, 9 (b), 17; Daniel Heuclin 46-47; J.-L. Klein & M.-L. Hubert 7 (h), 8-9 (h), 11 (h), 12 (h), 1 (b), 22, 33, 61 (b); Mike Lane, 2 (h); Gilles Martin, 45 (b); Stéphanie Meng: 21 (h); Christian Meyer: 40-41, 43 (b); Alain Pons: 10, 21 (b), 34; Roge Puillandre, 14-15 (h); Patricio Robles Gil, 28 (b); Cyril Ruoso: 25 (b), 27 (h), 52; Fateh Singh Rathore/Peter Arnold: 24; Paul Springett/Still Pictures: 27 (b); Valmik Thapar/Peter Arnold: 29 (b); Claude Thouvenin: 11 (b), 4 (b); Satyendra K. Tiwari/OSF: 19 (g); Pierre Vernay: 25 (h), 27 (bg), 45 (h); Peter Weimann: 49 (h).

Deux Frères, David Koskas, Coll. Fondation Jérôme Seydoux-Pathé, D.R.
3 (h), 63 (b).

ARDEA / Sunset
16.

The British Museum, Londres Dist. RMN/The Trustees of the British Museum
36, 37.

Visipix
38 (h).

François Moutou
56 (bg).

RMN/Hervé Lewandowski
56.

Droits réservés
60 (b).

RMN (Musée d'Orsay)/Franck Raux
61 (h).

© Disney Enterprises, Inc.
62.

© Disney Enterprises, Inc. Based on the Winnie the Pooh « works », by A. A Milne and E. H. Shepard
63 (h).

10,000 B.C. © Warner Bros. Entertainment Inc. All Rights Reserved
63.

Les cartes de répartition des pages 9, 33 et 51 ont été réalisées par Jean-Pierre Magnier.